ZUN

Felicidade submersa

Roberto Parmeggiani

"A felicidade sempre iria ser clandestina para mim."
CLARICE LISPECTOR

Escrivaninha

O bloco de notas marcado à direita,
a lâmpada acesa à esquerda,
a caneta sem tampa ao centro,
perto dos óculos abertos.

Uma música que conduz ou segue o pensamento,
um estojo,
uma borracha,
um cartão de visita,
uma caixinha,
um carregador de telefone,
uma revista,
um elástico,
uma fotografia,
pincéis,
contas,
notas,
livros,
convites,
confetes,
baterias descarregadas,
tesoura,
pó.

Na desordem da escrivaninha,
cheia de coisas comuns,
a essência da vida do escritor.
Necessidade contínua
em uma vida qualquer,
entre coisas quaisquer,
de ordenar o mundo
com as palavras.

Eu, palavra; você, leitor

Olho para fora
com cautela
arrisco um contato
a rejeição
a paixão desenfreada
imagino um trilho
defino uma meta
suspendo a suspeita
ofereço um ponto de vista
nos encontramos na passagem
entre as linhas
atrás dos cantos
um olhar
dois
mais um
faces vermelhas
coração coração coração
pensamento
num terraço à beira-mar
naquele beco solitário
relação complicada
nos tomamos e nos rendemos
recuperamos a harmonia
nunca nos deixaremos.

Eu, palavra,
você, leitor.

__Algumas palavras__

De algumas palavras
gosto,
além do significado,
pelo som que,
pelo ritmo que,
pela intensidade que
distribuem no meu corpo.

arara,
borboleta,
camuflado,
delicioso,
consolidar,
tropeçar
imoral,
rodoviária,
morno,
constrangido,
gargalhada,
guarda-chuva,
emaranhada,
ipês,
,
,
,
,
,
,

Não escrevo

Não escrevo, respiro.
Das palavras me alimento.
Com as quentes me envolvo.
Com as altas desafio meus medos.
Mergulho naquelas aquosas,
por aquelas que amo me rasgo.

Não escrevo, respiro.
Com as palavras me disfarço,
me visto da imagem mais adequada.
Com as mais preciosas me apresento.
Com palavras de tempestade
encaro a verdade dos meus sentimentos.

Não escrevo, respiro.
As palavras desaparecem
quando perco meu destino.
Palavras raras, descobri,
investigando sem pressa,
nas dobras da minha memória.

Palavra pão.
Palavra pátio.
Palavra silêncio.

Perdi tanto tempo

Perdi tanto tempo
em pensar quem sou
explicar
entender
descobrir
dizer
dizer
dizer tudo.

Perdi tanto tempo
a alegria das brincadeiras
a leveza da juventude.

Perdi tanto tempo
pensando em como viver
até que
comecei a andar
descobrindo, atrás das palavras,
o real
que sou.

Lado B

Sou
a parte escondida que, até eu, não conheço,
o lado secreto da minha exposta identidade,
a possível descoberta de um novo continente.

Como um qualquer Dr. Jekyll
procuro meu Mr. Hyde,
aquele pedaço que falta para definir minha completude,
o contrapeso à minha suposta bondade,
a ousadia da consciência da imperfeição.

Sou
o lado B de mim mesmo.

Posso

Posso me perder
me encontrar de novo.

Posso dispersar tudo
tudo
tudo
me encontrar de novo.

Posso cair
me machucar
derrotar toda a minha existência
me encontrar de novo.

Posso perder quem sou
para encontrar quem serei.

Cada ida tem um retorno
mesmo que não seja ao mesmo porto.

Setembro

Como o primeiro vagido,
respiro com os olhos
a nova realidade
que agora vejo.

Eu não sou mais eu.
Ou talvez o mundo não é mais o mundo.
O conhecimento muda a percepção.
Agora que eu sei
eu vejo.

Tabuleiro

Tabuleiro de emo-ções.
Era, serei, mas quem sou?

Vida, uma.
Morte, uma.
Dias, limitados.
Sonhos, infinitos.
Palavras, abusadas.
Emoções, escondidas.
Pesares, alguns.
Paixões, demais.
Erros, vários.
Identidades, inúmeras.

Tabuleiro de ego-ções.
Era, serei, mas eu sou!

Horizonte

Procuro um horizonte que me permita
crescer,
um campo arado em que plantar novas
possibilidades,
uma luz,
aquela luz,
que esconda o possível
para que não me sinta satisfeito
com aquilo que vejo,
e deseje partir,
mais uma vez,
em busca de outros eu(s).

Espera

Na transição de quem eu era a quem eu sou
há um momento de suspensão.
O momento de quem não sou,
de quem eu já não posso ser.
Eu não sou mais eu,
mas ainda não sei quem serei.

Vivo suspenso entre um papel passado
de que não posso desistir
e um novo caminho que não consigo começar.

Eu não sou eu sendo sempre eu.
Suspenso.
Pendurado.
Desorientado.
À espera.

__Além__

Além.
Viver tudo até a plenitude.
Descobrir a verdade toda.
Escolher o bem.
Para você.
Para todos.
Aquela necessidade de não dar nada por garantido.
Confiar no bom que há, na beleza, na pureza.
Viver como uma viagem.
Cada dia uma meta,
cada dia uma incursão,
cada dia reinventar-se.
Deixamos de crescer
quando pensamos ter chegado.
Deixamos de esperar
quando deixamos de mudar.
Além.
Um desejo que explode impetuoso.

Opostos

Opostos me fascinam.
Opostos me definem.
Ser complexo
é a única maneira que conheço
para me simplificar.
Desejo não desejar.
Viajo para não chegar.
Minha pátria
invento cada dia,
cidadão de qualquer país.

Independentemente de onde brotam os galhos,
somos enraizados na mesma Terra.
No escuro
conhecemos.
Na luz
distinguimos.

Sou o outro,
por isso não aceito categorias,
palavras como prisões.
Dizer liberta,
se assim não fosse,
preferiria o mutismo.

Tantas vidas

Queria ter tantas vidas
nesta vida.
Cada vida vivida
sem tirar nada das outras.

Queria nascer em muitas aldeias,
lembrar-me de muitos aromas,
aprender com muitos mestres,
orar em muitas línguas.

Queria contar mil histórias,
a aventura e o medo,
a coragem e a paixão,
as partidas e os retornos.

Queria vestir muitas roupas,
interpretar diferentes papéis,
viver várias cidades,
aprofundar cada encontro.

Queria ser eu mesmo,
em muitos contextos,
aproveitar-me das oportunidades
e do instinto,
trazendo na memória
cada experiência,
cada olhar,
cada ferida.

Queria ter tantas vidas
nesta vida.

Sofro

Feridas profundas
infligidas por palavras de amor.
Feridas de mãe.
Feridas de pai.

Me bate uma dor,
uma dor indizível,
uma dor profunda,
solitária,
silenciosa.

Flutuo, tateio, sigo
no limite máximo.
Ando culpado,
procuro esperanças,
um papel, o meu,
um lugar amado,
um coração,
um Sol,
um dia de festa.

Aceitação

Olhava para ele
via eu.
Tocava ele
sentia eu.
Em seus traços
descobria eu.

Uma história passada,
a insegurança e o medo de
reconhecer um sentimento.
Um olhar pesado,
um desejo incômodo.
Abbi pietà di me.

O inesperado,
não expresso,
o inconsciente que
conversa com o absoluto.
Transtorna, arrasta, revolta.
Meu corpo virado,
entre a luz e o abismo,
escondido.
Pavor e, enfim, respiro.
Perdono per i miei peccati.

Em seus gestos,
eu mesmo.
O amor recebido, intenso,
a culpa, o ciúme, a impotência.
Indizível,
como o medo
impronunciável.

Sou forte,
mas minha fraqueza é minha verdade.
Hoje vivo, de novo.
Oggi è il tempo per il perdono!

Migrante

Meu coração é migrante,
refugiado
procurando pátria.

Não tem mais terra
para ser chamada de lar.
Não tem mais irmãos
para serem chamados de família.
Não tem mais passado
para ser chamado de herança.

Meu coração
navegante no mar Mediterrâneo,
morador nas ruas de Nova Délhi,
machucado pela polícia no Paraná,
nu na Praça Vermelha,
espancado pelo jeito de amar em Roma
excluído na Faixa de Gaza,
executado na Cina,
abusado numa igreja Norte Americana,
velado na Arábia Saudita,
discriminado pela cor na Europa.

Meu coração é migrante,
refugiado
procurando pátria.

Não a minha,
nem a tua.
A nossa.

Vocação

Tenho vocação de povo
vocação de rua
de galera de chinelo

Tenho vocação de madeira
vocação de água
de lápis de terra

Tenho vocação de amor
vocação de mãos
de ritmo de silêncio

Tenho vocação de Brasil
Sou café com leite
ainda preciso de tempo
ainda preciso de futuro

Manifesto

Eu me manifesto
pensamento nu
mãos desarmadas
livres opiniões

Manifesto
minha posição
para não ser
conivente
palavras ditas
tijolos de ponte
palavras não ditas
tijolos de muralha

Eu me manifesto
cidadão desta terra
por nascimento
Defensor da natureza
por interesse
Fiel à humanidade
por esperança
favorável a qualquer amor
por amor

Manifesto
inclusão pelas diferenças
cuidado com as fragilidades
justiça para as opressões

Eu me manifesto
Antifascista Antirracista Progressista

Brasilidade

Minha brasilidade
não depende
do sangue
nem de um papel

Minha brasilidade
vem dos encontros
das palavras
dos cheiros
talvez dos loucos
ou das crianças
que só sabem
aquilo que precisa
ser dito

Brasilidade
farol que não conhece
o valor da sua luz
história que poucos sabem ler
quebra-cabeça que só concluiremos
juntando as nossas diferenças

Felicidade submersa

Esta
felicidade
submersa

Vento
que acaricia o grão

Luz
que entra pela fenda

Magma
que empurra a crosta

Dia anterior

Nunca se sabe quando será o dia anterior.

Se você soubesse, talvez se prepararia.
Usaria o vestido certo, aquele que conserva faz tempo.
Passaria um pouco mais de perfume.
Visitaria aquele lugar que nunca viu.
Diria a primeira coisa que viesse à sua cabeça.
Consumido pela ansiedade, quereria fazer mil coisas,
até entender que seria melhor parar,
procurar um lugar agradável e
sentar-se com as pessoas que você ama.

Se eu soubesse, talvez me prepararia.
Encheria um frasco com o teu perfume.
Imprimiria sobre minha pele um abraço teu.
Te escutaria e olharia nos teus olhos.
Tentaria descobrir quem você realmente é.

No dia anterior,
eu arrumaria minha casa,
você retornaria,
reduzindo a distância.
Faríamos a paz e
te contaria quem eu sou.
Tentaríamos estar presentes.
Juntos seria mais fácil,
embora algumas coisas sempre enfrentamos sozinhos.

Se eu soubesse,
poderia me preparar
para os intermináveis dias seguintes.

Lábios

Aqueles lábios, seus lábios.
Tão perto e quentes.
Tão macios.
Tão.
Beijei, não pude resistir.

Se afasta, cora.
Olha para mim, de novo, longamente.
Um desejo antigo, a espera deste momento.
Me aproximo, um beijo, outro.
O cheiro de roupa limpa, meu cabelo entre as mãos.

Aqueles lábios, seus lábios.
Doces, como o silêncio que nos rodeia.
Uma dança, conhecer-nos, reconhecer-nos.
Eu paro, olho para nós.
Sorrio, sorri, olho para baixo, não posso resistir.
Momentos perseguidos, nos sonhos, nas recordações.
Um movimento eterno, pegar o ritmo, o passo certo.
E agora?
Um beijo, outro.

Estamos aqui, agora.
Aqueles lábios, seus lábios.
Enfim.

__Um__

– Diga-me.
– O quê?
– Diga-me que está com medo.
– Como você sabe?
– Eu sei, eu também estou.
– E isso o que muda?
– Não muda nada. Só que, se nós dissermos os nossos medos, não ficaremos mais assustados um com o outro; estaremos menos sozinhos.
– Eu não estou sozinho.
– Quem tem medo sempre está.
– Posso te abraçar?
– Não sei, um abraço desorienta.
– Um abraço salva, como um salva-vidas.

Dois

– Porque, no final, o importante é estar junto e se amar uns aos outros.
– Sim, mas não é suficiente.
– Como não é suficiente?
– Não é suficiente... Somos tantas solidões em um quarto, bem próximas, mas sozinhas. Cada um perdido em sua dor.
– Mas estar junto vai nos fazer bem?
– Estar junto, assim, vai nos fazer sentir mais e mais sozinhos.
– Preparo um café ou, talvez, melhor um copo de vinho?
– Sente-se.
– Sentar? E depois?
– E depois me conte.
– O quê?
– Diga-me quem você é, o que você quer, o que te faz sofrer, sonhar, desesperar, quais são suas sombras e suas luzes.
– Palavras, só palavras... inúteis obstáculos ao nosso encontro.
– Ao contrário. As palavras, somente as palavras, vão nos salvar. Como uma ponte, iremos de um para outro. Nos encontraremos e descobriremos, nesta relação, quem somos.
– E não nos sentiremos mais sozinhos?
– Quando nos sentirmos sós, teremos uma ponte.

Três

– A distância entre zero e um.
– O quê?
– É a resposta.
– Para qual pergunta?
– Para aquelas que não nos atrevemos a formular.
– Não entendo.
– É o primeiro passo que inicia um percurso. A distância entre zero e um é o floco que dá vida à avalanche, a última gota num frasco, a letra da palavra que começa o discurso.
– Mas o que isso significa?
– Que tudo tem um começo e cada começo carrega em si o broto do percurso inteiro.
– Uma vez que você tenha começado o caminho, não é possível voltar?
– Pode voltar, mas não como era antes.
A distância entre zero e um é a distância da fronteira, para além da qual tudo será diferente.
– Mas é uma coisa boa ou uma coisa má?
– Bem ou mal, não sei. Tudo tem um começo e todos os começos são seguidos por um percurso. A semente na terra, assim como uma faísca no fogo.
– E a diferença?
– A diferença está no cuidado que você coloca.

Quatro

– Por que nós nos perdemos?
– Porque precisávamos nos encontrarmos de novo.
– E agora que nos encontramos de novo, por que sinto que você está tão longe?
– Porque, afinal, você não me deixou ir.
– Se eu o tivesse feito, teria perdido você.
– Se você o tivesse aceito, teríamos nos encontrado, de verdade.
– Você teria me esquecido para sempre.
– Eu teria te conhecido para sempre.

Cinco

– Você gosta de sonhar?
– Tenho um monte de sonhos.
– Quais?
– Tantos!
– E como se chamam?
– Por que? Os sonhos têm que ter um nome?
– Se você lhes der um nome, poderá chamá-los, conhecê-los, e eles saberão quem você é.
– Eles saberão que são meus?
– Não, os sonhos são livres, mas quando estiver escuro, se você chamá-los, eles virão.
– E assim não vou perdê-los nunca.
– E assim não vai se perder nunca.

Seis

– Uma estrada ou outra, tanto faz.
– As estradas não são todas iguais.
– Todas levam para longe, e eu quero ir embora, para muito longe.
– Não é importante que seja perto ou longe. A única coisa que importa é como você chegará.
– Palavras vazias. Você diz isso para que eu fique.
– Eu não vou segurar você, você pode ir.
– Vou.
– Até.
– Então você não se importa comigo?
– Sua liberdade, isso me interessa.
– E se eu me machucar? E se eu estiver errando? Você não se importa se eu sofrer?
– Eu vou chorar com você, vou te abraçar, vou te apoiar... mas não vou te evitar a dor, o fracasso, o medo.
– Você não pode.
– Eu não quero.
– E o que você quer, então?
– Quando você escolher, escolha o melhor.
 Desça em você mesmo mas suba para o outro.
 Não se contente, deseje e lute pelos seus desejos.
 Vá, encontre seu caminho, escolha-o e leve-o até o fim.
– E se eu me perder?
– Só quem se perde pode se encontrar.
– E quanto a você?
– Eu estarei com você.

Sete

– Você confia em mim?
– Em que sentido?
– Você tem confiança nas minhas capacidades?
– Claro que confio em você.
– E assim? Assim estou certo? Ou deveria ser diferente daquilo que sou?
– O que quer dizer, não entendo... Preciso me preocupar?
– Não, ou talvez sim. Estou cansado, sabe?
– Como cansado? De quê?
– De tudo. De todos os silêncios. De todas as vezes que você não me disse a verdade. De todas as vezes que você agiu como se nada tivesse acontecido, sem se importar com o que eu estava sentindo.
– Mas... mas o que você queria? Você sabe que fiz isso pelo seu bem. Se eu tivesse dito, então, o que aconteceria?
– Se você tivesse me dito que não tinha nada de errado, que eu estava certo assim, e que, para aqueles que amam, as explicações são supérfluas... Se você tivesse dito...
– Se tivesse dito isso? Você está sendo injusto. Tenho te amado como posso.
– Não tem nada a ver com justiça. Se você tivesse dito isso, eu teria tido menos medo.
– Eu também estava com medo.
– Então por que você não me disse? Eu me senti tão sozinho, só precisava de alguém que segurasse as minhas mãos e que mostrasse um caminho para as minha lágrimas.
– E agora? O que posso fazer?
– Agora, nada. Agora vamos, aliás agora estamos. Estamos aqui perto.

Oito

– Sentirei sua falta.
– Mas eu não vou embora, ficarei aqui com você.
– Seu corpo vai desaparecer e eu não poderei mais te tocar.
– Você poderá me sentir.
– Mas o amor precisa da presença.
– O amor se alimenta da essência.
– Então nosso amor será para sempre?
– O amor é um balanço, nunca é para sempre, embora seja eterno.
– Como assim?
– O contínuo equilíbrio entre a finitude da experiência e a eternidade do sentimento.
– Por isso a dor?
– Por isso a eterna saudade, como lagoa que enche o espaço entre o sentir e o tocar.

Um novo equilíbrio

Levantou-se da cadeira. A cabeça sempre por última. Abriu a janela para deixar entrar um pouco de ar frio do amanhecer. Suspirou. Um suspiro curto, curto como o tempo que separa as memórias e aproxima os anos. Mais um inverno tinha chegado, pensou enquanto os raios do Sol nasciam atrás das colinas. *Mais um ano tinha passado*, sussurrou, entregando ao vento palavras cheias de melancolia.

Deixou o quarto para ir à cozinha. Seus passos tinham se tornado instáveis. Seus dias sempre iguais, seguindo o ritmo dos seus desejos. Sempre os mesmos, sempre menos.

Esquentou a água e preparou um café. Bem forte. Pegou um pedaço de pão e a geleia de laranja. Tomou o café da manhã, ele e o silêncio de um dia precioso. Depois de limpar a mesa, foi ao banheiro. Lavou o rosto com água fria, um hábito aprendido quando, ainda rapaz, acordava de madrugada para acompanhar seu avô para entregar o pão fresco. Depois voltou ao quarto. Abriu o armário e, repetindo um gesto bem conhecido, escolheu o terno cinza. Vestiu-o, colocando no bolso um lenço branco.

Apesar da tristeza com que coabitava há cinco anos, esperava aquele dia com a ansiedade dos adolescentes, para quem o tempo flui sempre lento demais. Pegou a bengala e fechou a porta. Desceu os três degraus e tomou o caminho à esquerda.

Sempre gostou de brincar com o fôlego que, encontrando o ar frio do inverno, tomava forma. Anéis, animais, personagens irreais. Quando era criança, e com os pais passeava nas manhãs de domingo, brincava de inventar histórias. Ainda se lembrava daquela em que um leão encontrava, numa lanchonete, um professor de etiqueta que, com pé firme, queria lhe ensinar a comer um biscoito com garfo e faca. Após algumas tentativas fracassadas, deixava de lado os talheres e comia, em uma mordida, o professor.

Nas poucas vezes que saía andando pela cidade, percorria a mesma rua. Assim não corria o risco de se perder, de se esquecer quem ele era. Curioso, procurava as mudanças e as alterações das estruturas. Os novos cantos pareciam, para ele, como novas possibilidades. Era a mesma sensação que tinha quando ensinava. Cada estudante era como uma esquina depois da qual descobrira um mundo infinito, um pico mostrando um novo horizonte.

Chegou à entrada do parque, o único da cidade. Cruzou o pequeno portão. Continuou seguindo o trajeto. No chão ainda havia algumas folhas coloridas, que compunham como que a paleta de um pintor impressionista.

Uma vez tinha apostado: *Eu vou me deitar e rolar em um tapete de folhas de outono!* Ninguém achava que ele poderia fazê-lo. Mas ele o fez. Ainda se lembra do cheiro penetrante do barro e da liberdade que aquele gesto lhe trouxe de volta. A liberdade sempre foi um desafio para ele. Nunca conseguiu alcançá-la. Antes, como filho preocupado demais com a tristeza da mãe; depois, como jovem respeitável que era; enfim, como professor, querendo manter uma aparência sem mancha.

O banco estava sempre lá, no mesmo lugar, desde quando ele consegue se lembrar. Na frente de uma antiga pista de dança agora desbotada. Encostou a bengala de lado e se sentou. A madeira estava fria, úmida, mesmo não tendo chovido durante aqueles dias.

Ele não estava lá por ninguém que não ele mesmo. E pela sua memória. Cuidadosamente, extraiu do bolso interno do paletó um envelope amarelado. Abriu-o e sacou dele algumas fotos. Seus olhos nem precisavam vê-las para saber o que representavam, quem representavam. Ele sentia aquelas imagens. A emoção era como um riozinho que fluía sob a pele, invisível, mas poderoso, que trasbordando invadia o corpo inteiro, choque e gozo.

Enquanto estava ali sentando, imerso na sensação de um momento perfeito e eterno, aconteceu. Mais uma vez, como em um periódico compromisso com o destino. Antes de todos, chegaram três homens distintos com cabelos brancos e ternos pretos. Apoiaram alguns estojos que abriram com cuidado. Logo depois, um par muito elegante. Tirados os casacos, começaram a fazer pequenos exercícios. Não havia necessidade de palavras para decidir o que fazer. Só um silêncio cúmplice e íntimo.

Quando o contrabaixo começou a tocar, o par de bailarinos entrou na pista. O violino e a flauta se juntaram ao ritmo, definindo a melodia. A partir de então, tudo fluiu de maneira natural. Os bailarinos, a música, a luz, as cores, as emoções. Se alguém tivesse passado naquele momento, teria ficado atordoado ao ver um distinto cavalheiro, vestido com um terno cinza, com um lenço branco no bolso, sentado sozinho em um banco de madeira no parque, olhando, às dez da manhã, para um par de bailarinos dançando. Mas ele não se importava com isso. Ele estava ali, mas em outro tempo.

Sentado como naquele 11 de maio de 1976. Sentindo a emoção maior da sua longa vida. A emoção da completude, aquela que experimenta só quem encontra algo que estava faltando. Mas não como alguém diz "o outro lado da laranja" ou uma "alma gêmea". O amor, para ele, era e sempre foi uma perda. Perder algo de si para encontrar algo do outro. Uma troca, então, que define um novo equilíbrio.

Por isso, quando ela morreu, o seu passo também se tornou mais instável. Seu mundo incompleto. Seus dias vazios.

Todos, exceto este, quando os amigos de uma vida recriavam o momento em que, pela primeira vez, ele se encontrou com o sorriso dela.

O mesmo lugar, a mesma hora, a mesma música.

Às vezes, pensava que aquele, que foi o dia melhor para se apaixonar, fosse o melhor momento também para morrer.

Quando a música terminou, voltou o silêncio.

Os olhos todos molhados.

Levantou-se, agarrou a bengala, deu dois passos em direção à pista de dança, parou, fitou seus amigos ali reunidos, fez uma reverência e retomou o caminho de volta para casa.

Quando já estava perto do portão, algo se apoiou em seu ombro. Olhou e viu uma borboleta.

Não tem borboleta no inverno, pensou, *como é possível?*

Olhou em volta, como para achar uma resposta.

Talvez alguém estivesse brincando com ele.

Mas nem sempre há uma resposta.

Às vezes basta aceitar e continuar a caminhar.

E aproveitar o mistério que há em uma borboleta no inverno.

Farinha

Colocou o xale branco nos ombros. A noite passada tinha sido um pesadelo, longa e escura demais. Naquelas horas, chegavam as palavras da noite, de repente. Sentavam sobre seu peito. Pesadas como desejos inatingíveis, densas como o óleo que tudo ocupa, invadindo o espaço do descanso.

Desceu a escada. Ainda vestia o pijama e os chinelos macios. Como todas as manhãs, preparou o leite quente que, além do corpo, aquecia um pouco a alma. Enquanto olhava pela janela o mundo que estava lentamente despertando, comeu uma fatia de pão. Daquele que tinha preparado dias antes.

A luz de setembro amassava cada olhar com a mesma essência do sonho, mas ela estava cansada de sonhar. A vida, que a tinha profundamente enraizada na realidade, seguia ritualmente, como o Sol que nasce cada manhã e desaparece cada noite. Aquele Sol que, desde alguns meses, faltava no seu céu.

Balançou a cabeça como querendo se livrar de maus pensamentos, poeira que envelhece e arruína. Olhou para o relógio na parede e, logo depois, demorou alguns segundos sobre a moldura ao lado. Tinha as fotos dos seus filhos. Perguntava-se como podiam ser tão diferentes um do outro. Cada um tinha seguido um percurso próprio, como as estradas de um grande cruzamento que tem um ponto de encontro mas direções opostas.

Já era 7h30.

Apoiou a xícara na pia, e rapidamente, limpou a mesa. A missa começaria às 8h não gostava de chegar atrasada e entrar na igreja atraindo todos os olhos para si.

Fechou a porta de casa sem fazer barulho, desceu as escadas e, uma vez no jardim, respirou profundamente.

O ar, para ela que foi uma fumante, era sempre uma surpresa, como algo de novo que, entrando no corpo, do nariz até a ponta dos pés, despertava novas sensações.

A missa, nos últimos tempos, tinha se tornado uma rotina vazia. Como um vaso decorativo que parece muito belo, mas não contém nada. Voltando para casa, encontrou Laura. Trocaram breves palavras. Logo depois, foi para a banca de jornal. Comprou uma revista de tricô. Nas longas tardes invernais, o som das agulhas, que teciam habilmente os fios de lã, eram, para ela, como um mantra. Acalmavam os pensamentos, restituindo ao tempo uma forma acolhedora.

De volta a casa, tinha que começar imediatamente a cozinhar. Esperava todo mundo para o almoço. Os domingos, um ritual. A toalha polonesa com flores alaranjadas e os guardanapos combinando. Os pratos brancos e os copos de vidro transparentes. No centro, as garrafas de água e de vinho e as tigelas em que colocaria os pãezinhos quentes. Uma das suas especialidades, simples, mas excepcionais. Os dela, todo mundo gostava de comer.

Sempre amou a farinha. Alguns preferem mergulhar na água, outros brincar com o fogo, outros ainda criá-la com a terra. Ela se sentia mais confortável com a farinha. Acreditava que fosse o ponto de encontro entre a sabedoria divina e a ciência humana. Um pequeno grão que, colocado sob o chão, morre para produzir uma espiga cheia de dezenas de outros grãos, que são recolhidos e processados para que possa nascer esse produto excepcional.

A farinha já estava sobre a tábua de madeira. Juntou o fermento, o sal, o azeite e um pouco de açúcar. Ao lado, um copo de água.

Tirou os anéis e pôs as mãos no pó branco. Com os olhos fechados sentia. A sensação de ter entre os dedos algo e, ao mesmo tempo, de não poder segurá-lo. *Amassar é um jeito de amar*, tinha lhe dito uma vez o marido. Aparentemente simples, amassar era uma arte, um equilíbrio sutil entre posse e liberdade. Ela movia seu corpo como se fosse uma dança, os braços conduziam a massa que, lentamente, formava-se. De repente parou. A experiência tinha lhe ensinado quando era a hora de parar para não ir além da sua função. Agora era o tempo da fermentação, o tempo da espera.

Sentou novamente de frente à janela. Esperar para ela nunca fora um problema. Nunca tinha tido qualquer ambição. Tinha aprendido, desde criança, o papel da mulher perfeita. Tinha estudado pouco e trabalhado muito. Tinha se casado e feito filhos, independentemente dos seus desejos. Até conseguiu amar essa sua vida. Os filhos, sobretudo, tornaram-se a sua finalidade. Um investimento que, apesar dos esforços e do empenho, desconsidera sempre as expectativas. Não por culpa de alguém. Talvez do destino, ou da liberdade. Um filho nunca é a resposta para nossa pergunta de felicidade.

O relógio do forno tocou, agora a massa estava pronta para ser assada. Rapidamente a casa se encheu do perfume fragrante do pão e, consequentemente, das memórias. O abraço do pai que tinha amado imensamente, as longas horas cochichando com sua mãe, os sacrifícios e os pequenos sucessos. As memórias de uma vida que, nos últimos tempos, tinham só um nome, aquele que nunca mais poderia pronunciar. É estranho, pensava, como o nome de uma pessoa é uma das coisas a que damos menos importância, mas da qual mais sentimos falta.

No momento em que o último pão saiu do forno, tocou a campainha que a trouxe de volta à realidade. O marido mal terminou de abrir a porta e foi cercado pelas netas. Logo depois entraram os filhos e as cunhadas. E com todos eles chegaram também as palavras, a confusão e aquele barulho bom da vida que não para, e que nos empurra para continuar.

Cada um sentou no mesmo lugar de sempre. Sobre a mesa o pão, a massa e o assado com as batatas. Realizava-se o ritual que, mais que qualquer outro, tinha-os tornado uma família.

Um momento sempre novo, meio de relação e de conhecimento. Ao redor daquela mesa, comprada com a intenção de fazer com que todos pudessem se sentar, ela sentia-se imensamente satisfeita, talvez feliz. Um pouco egoísta, também, por aquele desejo materno de querer sempre cuidar dos filhos. Mas o egoísmo, no fundo, não é uma parte do amar? E todo mundo precisava daquela mesa, ninguém poderia renunciar àquele abraço e ao amor daquela comida.

Claro, para ela, um lugar permaneceria vazio para sempre, mas o tempo estava fazendo a sua parte. Como o fermento com a farinha, o amor permitia a ela se recompor novamente, recuperar a sua identidade. Aquela que tinha perdido desde quando seu filho morreu.

© Editora NÓS, 2017

Direção editorial SIMONE PAULINO
Projeto gráfico BLOCO GRÁFICO
Revisão DANIEL FEBBA
Produção gráfica ALEXANDRE FONSECA

1ª reimpressão, 2018

Texto atualizado segundo o novo Acordo Ortográfico da Língua Portuguesa.

Dados Internacionais de Catalogação na Publicação (CIP)
(Câmara Brasileira do Livro, SP, Brasil)

Felicidade submersa / Roberto Parmeggiani
São Paulo: Editora NÓS, 2017
56 pp.

ISBN 978-85-69020-17-2

1. Poesia brasileira I. Título

Índices para catálogo sistemático:
1. Poesia: Literatura brasileira 869.308

Todos os direitos desta edição
reservados à Editora NÓS
Rua Francisco Leitão, 258 – sl. 18
Pinheiros, São Paulo SP | CEP 05414-020
[55 11] 3567 3730 | www.editoranos.com.br

Fonte SECTRA
Papel POLÉN BOLD 90 g/m²